Europäisches Parlament, Rat der Europäischen Union

Verordnung (EU) Nr. 1022/2013 des Europäischen Parlaments und des Rates vom 22. Oktober 2013

zur Änderung der Verordnung (EU) Nr. 1093/2010 zur Errichtung einer Europäischen Aufsichtsbehörde (Europäische Bankenaufsichtsbehörde) hinsichtlich der Übertragung besonderer [...]

AP
Antiphon Verlag

Europäisches Parlament, Rat der Europäischen Union

Verordnung (EU) Nr. 1022/2013 des Europäischen Parlaments und des Rates vom 22. Oktober 2013

zur Änderung der Verordnung (EU) Nr. 1093/2010 zur Errichtung einer Europäischen Aufsichtsbehörde (Europäische Bankenaufsichtsbehörde) hinsichtlich der Übertragung besonderer [...]

1. Auflage 2026 | ISBN: 978-3-38798-678-5

Antiphon Verlag ist ein Imprint der Antiquum Novum Verlag.

Verlag: Antiquum Novum Verlag UG (haftungsbeschränkt), Im Erlengrund 6a, 35510 Butzbach, Deutschland, info@antiquum-novum.de
Vertretungsberechtigt: E. Roepke, Zeilweg 44, 60439 Frankfurt, Deutschland
Druck: Libri Plureos GmbH, Friedensallee 273, 22763 Hamburg, Deutschland

VERORDNUNG (EU) Nr. 1022/2013 DES EUROPÄISCHEN PARLAMENTS UND DES RATES

vom 22. Oktober 2013

zur Änderung der Verordnung (EU) Nr. 1093/2010 zur Errichtung einer Europäischen Aufsichtsbehörde (Europäische Bankenaufsichtsbehörde) hinsichtlich der Übertragung besonderer Aufgaben auf die Europäische Zentralbank gemäß der Verordnung (EU) Nr. 1024/2013

DAS EUROPÄISCHE PARLAMENT UND DER RAT DER EUROPÄISCHEN UNION —

gestützt auf den Vertrag über die Arbeitsweise der Europäischen Union, insbesondere auf Artikel 114,

auf Vorschlag der Europäischen Kommission,

nach Zuleitung des Entwurfs des Gesetzgebungsakts an die nationalen Parlamente,

nach Stellungnahme der Europäischen Zentralbank [1],

nach Stellungnahme des Europäischen Wirtschafts- und Sozialausschusses [2],

gemäß dem ordentlichen Gesetzgebungsverfahren [3],

in Erwägung nachstehender Gründe:

(1) Am 29. Juni 2012 forderten die Staats- und Regierungschefs der Mitgliedstaaten des Euro-Währungsgebiets die Kommission auf, Vorschläge zur Schaffung eines einheitlichen Aufsichtsmechanismus unter Einbeziehung der Europäischen Zentralbank (EZB) vorzulegen. In seinen Schlussfolgerungen vom 29. Juni 2012 bat der Europäische Rat seinen Präsidenten, in enger Zusammenarbeit mit dem Präsidenten der Kommission, dem Präsidenten der Eurogruppe und dem Präsidenten der EZB einen spezifischen Fahrplan mit Terminvorgaben für die Verwirklichung einer echten Wirtschafts- und Währungsunion auszuarbeiten, der konkrete Vorschläge zur Wahrung von Einheit und Integrität des Binnenmarktes für Finanzdienstleistungen enthält.

(2) Die Einrichtung eines einheitlichen Aufsichtsmechanismus ist der erste Schritt hin zu einer europäischen Bankenunion, gestützt auf ein echtes einheitliches Regelwerk für den Bereich Finanzdienstleistungen und neue Rahmenregelungen für die Einlagensicherung und die Abwicklung von Kreditinstituten.

(3) Um die Voraussetzungen für die Einrichtung eines einheitlichen Aufsichtsmechanismus zu schaffen, werden der EZB mit der Verordnung (EU) Nr. 1024/2013 des Rates [4] besondere Aufgaben im Zusammenhang mit der Aufsicht über Kreditinstitute in den Mitgliedstaaten übertragen, deren Währung der Euro ist, und die Verordnung erlaubt anderen Mitgliedstaaten, eine enge Zusammenarbeit mit der EZB einzugehen.

(4) Die Übertragung von Aufsichtsaufgaben in Bezug auf Kreditinstitute auf die EZB für einen Teil der Mitgliedstaaten sollte die Funktionsweise des Finanzdienstleistungsbinnenmarkts in keiner Weise beeinträchtigen. Die durch die Verordnung (EU) Nr. 1093/2010 des Europäischen Parlaments und des Rates [5] errichtete Europäische Aufsichtsbehörde (Europäische Bankenaufsichtsbehörde) (im Folgenden "EBA") sollte daher ihre Rolle und all ihre derzeitigen Befugnisse und Aufgaben beibehalten: Sie sollte weiterhin das einheitliche Regelwerk für alle Mitgliedstaaten entwickeln, zu dessen einheitlicher Anwendung beitragen und die Konvergenz der Aufsichtspraktiken unionsweit verbessern.

(5) Es ist von entscheidender Bedeutung, dass die Bankenunion Mechanismen der demokratischen Rechenschaftspflicht umfasst.

(6) Bei der Wahrnehmung der ihr übertragenen Aufgaben sollte die EBA, unter gebührender Berücksichtigung des Ziels, die Zuverlässigkeit und Solidität der Kreditinstitute zu gewährleisten, der Vielfalt der Kreditinstitute, ihrer Größe und ihren Geschäftsmodellen sowie den systemischen Vorteilen, die sich aus der Vielfalt in der europäischen Bankenindustrie ergeben, umfassend Rechnung tragen.

(7) Um bewährte Aufsichtspraktiken im Binnenmarkt zu fördern, ist es von wesentlicher Bedeutung, dass das einheitliche Regelwerk durch ein von der EBA in Abstimmung mit den zuständigen Behörden ausgearbeitetes europäisches Aufsichtshandbuch für die Beaufsichtigung von Finanzinstituten ergänzt wird. In diesem Aufsichtshandbuch sollten die bewährten Praktiken in der gesamten Union in Bezug auf Aufsichtsmethoden und -verfahren identifiziert werden, um die Einhaltung zentraler internationaler Grundsätze und Unionsgrundsätze zu erreichen. Das Handbuch sollte nicht die Form verbindlicher Rechtsakte annehmen oder die abwägungsgeleitete Aufsicht einschränken. Es sollte alle Bereiche abdecken, die in den Zuständigkeitsbereich der EBA fallen, darunter, soweit einschlägig, Verbraucherschutz und Bekämpfung der

[1] ABl. C 30 vom 1.2.2013, S. 6.
[2] ABl. C 11 vom 15.1.2013, S. 34.
[3] Standpunkt des Europäischen Parlaments vom 12. September 2013 (noch nicht im Amtsblatt veröffentlicht) und Beschluss des Rates vom 15. Oktober 2013.

[4] Verordnung (EU) Nr. 1024/2013 des Rates vom 15. Oktober 2013 zur Übertragung besonderer Aufgaben im Zusammenhang mit der Aufsicht über Kreditinstitute auf die Europäische Zentralbank (Siehe Seite 63 dieses Amtsblatts.)
[5] ABl. L 331, 15.12.2010, S. 12.

Geldwäsche. Es sollte die Parameter und Methoden für die Risikobewertung, frühzeitige Warnungen sowie die Kriterien für Aufsichtsmaßnahmen darlegen. Die zuständigen Behörden sollten das Handbuch verwenden. Die Verwendung des Handbuchs sollte als ein wesentliches Element bei der Beurteilung der Konvergenz der Aufsichtspraktiken und für die vergleichenden Analysen nach der Verordnung (EU) Nr. 1093/2010 betrachtet werden.

(8) Die EBA sollte im Einklang mit der Verordnung (EU) Nr. 1093/2010 Auskünfte von Finanzinstituten verlangen können; dies sollte sich auf sämtliche Informationen beziehen, zu denen diese Finanzinstitute rechtmäßigen Zugang haben, wie etwa Informationen, die sich im Besitz von Personen befinden, die von dem betreffenden Finanzinstitut für die Ausführung einschlägiger Tätigkeiten eine Vergütung erhalten, von externen Rechnungsprüfern für das betreffende Finanzinstitut durchgeführte Prüfungen sowie Kopien von einschlägigen Unterlagen, Büchern und Aufzeichnungen.

(9) Die Auskunftsersuchen der EBA sollten gebührend gerechtfertigt und begründet werden. Einwände gegen bestimmte Informationsgesuche, die mit der Unvereinbarkeit mit der Verordnung (EU) Nr. 1093/2010 begründet werden, sollten in Übereinstimmung mit den einschlägigen Verfahren erhoben werden. Falls ein Adressat eines Auskunftsersuchens einen solchen Einwand erheben sollte, sollte ihn dies nicht von der Pflicht befreien, die Auskunft zu erteilen. Der Gerichtshof der Europäischen Union sollte dafür zuständig sein, gemäß den im Vertrag über die Arbeitsweise der Union vorgesehenen Verfahren darüber zu entscheiden, ob ein konkretes Auskunftsersuchen der EBA jener Verordnung entspricht.

(10) Der Binnenmarkt und der Zusammenhalt der Union sollten sichergestellt sein, und in diesem Zusammenhang sollten Fragen in Bezug auf die Führungsstruktur der EBA und ihre Abstimmungsmodalitäten sorgfältig erwogen werden und die Gleichbehandlung von Mitgliedstaaten, die am mit der Verordnung (EU) Nr. 1024/2013 eingerichteten einheitlichen Aufsichtsmechanismus teilnehmen, und anderen Mitgliedstaaten gewährleistet sein.

(11) Da die EBA, an der alle Mitgliedstaaten gleichberechtigt beteiligt sind, mit dem Ziel geschaffen wurde, das einheitliche Regelwerk zu entwickeln, zu dessen einheitlicher Anwendung beizutragen und die Kohärenz der Aufsichtspraktiken in der Union zu verbessern, und da die EZB innerhalb des einheitlichen Aufsichtsmechanismus eine führende Rolle wahrnimmt, sollte die EBA mit geeigneten Instrumenten ausgestattet werden, die es ihr ermöglichen, die ihr übertragenen Aufgaben in Bezug auf die Integrität des Binnenmarkts wirksam zu erfüllen.

(12) Angesichts der Aufsichtsaufgaben, die der EZB durch die Verordnung (EU) Nr. 1024/2013 übertragen werden, sollte die EBA ihre Aufgaben in Bezug auf die EZB in gleichem Maße wahrnehmen können wie in Bezug auf andere zuständige Behörden. Insbesondere sollten die bestehenden Mechanismen für die Beilegung von Meinungsverschiedenheiten und für Maßnahmen im Krisenfall entsprechend angepasst werden, um wirksam zu bleiben.

(13) Damit die EBA ihrer unterstützenden und koordinierenden Rolle in Krisenfällen gerecht werden kann, sollte sie in vollem Umfang über alle relevanten Entwicklungen unterrichtet und eingeladen werden, als Beobachterin an allen einschlägigen Treffen der betreffenden zuständigen Behörden teilzunehmen, einschließlich des Rechts, das Wort zu ergreifen und sonstige Beiträge einzubringen.

(14) Um mit Blick auf die Erhaltung und Vertiefung des Binnenmarkts für Finanzdienstleistungen die gebührende Berücksichtigung der Interessen aller Mitgliedstaaten zu gewährleisten und das ordnungsgemäße Funktionieren der EBA zu ermöglichen, sollten die Abstimmungsmodalitäten in ihrem Rat der Aufseher angepasst werden.

(15) Beschlüsse, die eine Verletzung des Unionsrechts oder die Beilegung von Meinungsverschiedenheiten betreffen, sollten von einem unabhängigen, vom Rat der Aufseher benannten Gremium überprüft werden, das sich aus stimmberechtigten Mitgliedern des Rats der Aufseher, die frei von jedem Interessenkonflikt sind, zusammensetzt. Die dem Rat der Aufseher von dem Gremium vorgeschlagenen Beschlüsse sollten von den stimmberechtigten Mitgliedern des Rates der Aufseher mit einer einfachen Mehrheit angenommen werden, die eine einfache Mehrheit seiner Mitglieder aus den zuständigen Behörden der am einheitlichen Aufsichtsmechanismus teilnehmenden Mitgliedstaaten (im Folgenden "teilnehmende Mitgliedstaaten") sowie eine einfache Mehrheit seiner Mitglieder aus den zuständigen Behörden der Mitgliedstaaten, die nicht am einheitlichen Aufsichtsmechanismus teilnehmen (im Folgenden "nicht teilnehmende Mitgliedstaaten") umfassen sollte.

(16) Beschlüsse über Maßnahmen im Krisenfall sollten von dem Rat der Aufseher mit einer einfachen Mehrheit gefasst werden, die eine einfache Mehrheit seiner Mitglieder aus den zuständigen Behörden der teilnehmenden Mitgliedstaaten sowie eine einfache Mehrheit seiner Mitglieder aus den zuständigen Behörden der nicht teilnehmenden Mitgliedstaaten umfassen sollte.

(17) Beschlüsse über die in den Artikeln 10 bis 16 der Verordnung (EU) Nr. 1093/2010 genannten Rechtsakte und die gemäß Artikel 9 Absatz 5 Unterabsatz 3 und Kapitel VI der genannten Verordnung angenommenen Maßnahmen und Beschlüsse sollten vom Rat der Aufseher mit einer qualifizierten Mehrheit gefasst werden, die mindestens eine einfache Mehrheit seiner Mitglieder aus den zuständigen Behörden der teilnehmenden Mitgliedstaaten sowie eine einfache Mehrheit seiner Mitglieder aus den zuständigen Behörden der nicht teilnehmenden Mitgliedstaaten umfassen sollte.

(18) Die EBA sollte für das Gremium eine Geschäftsordnung ausarbeiten, die seine Unabhängigkeit und Objektivität sicherstellt.

(19) Die Zusammensetzung des Verwaltungsrats sollte ausgewogen sein und es sollte eine ordnungsgemäße Vertretung der nicht teilnehmenden Mitgliedstaaten gewährleistet sein.

(20) Bei der Ernennung der Mitglieder der internen Gremien und Ausschüsse der EBA sollte die geografische Ausgewogenheit zwischen den Mitgliedstaaten sichergestellt sein.

(21) Um die ordnungsgemäße Funktionsweise der EBA und eine angemessene Vertretung aller Mitgliedstaaten zu gewährleisten, sollten die Abstimmungsmodalitäten, die Zusammensetzung des Verwaltungsrats und die Zusammensetzung des unabhängigen Gremiums aufmerksam verfolgt werden. Sie sollten nach einem angemessenen Zeitraum überprüft werden, wobei allen gemachten Erfahrungen und Entwicklungen Rechnung getragen werden sollte.

(22) Kein Mitgliedstaat und keine Gruppe von Mitgliedstaaten sollte direkt oder indirekt als Standort für Finanzdienstleistungen diskriminiert werden.

(23) Die EBA sollte mit entsprechenden finanziellen Mitteln und personellen Ressourcen ausgestattet werden, damit sie die ihr durch diese Verordnung übertragenen zusätzlichen Aufgaben angemessen erfüllen kann. Zu diesem Zweck sollten diese zusätzlichen Aufgaben bei dem in den Artikeln 63 und 64 der Verordnung (EU) Nr. 1093/2010 vorgesehenen Verfahren für die Aufstellung, Ausführung und Kontrolle des Haushaltsplans der EBA gebührend berücksichtigt werden. Die EBA sollte gewährleisten, dass höchste Effizienzstandards erfüllt werden.

(24) Da die Ziele dieser Verordnung, nämlich die Gewährleistung einer in hohem Maße wirksamen und einheitlichen Regulierung und Beaufsichtigung in allen Mitgliedstaaten, der Schutz der Integrität, Effizienz und ordnungsgemäßen Funktionsweise des Binnenmarkts und die Erhaltung der Stabilität des Finanzsystems von den Mitgliedstaaten nicht ausreichend verwirklicht werden können sondern vielmehr wegen des Umfangs der Maßnahmen auf Unionsebene besser zu verwirklichen sind, kann die Union im Einklang mit dem in Artikel 5 des Vertrags über die Europäische Union niedergelegten Subsidiaritätsprinzip tätig werden. Entsprechend dem in demselben Artikel genannten Grundsatz der Verhältnismäßigkeit geht diese Verordnung nicht über das zur Verwirklichung dieser Ziele erforderliche Maß hinaus.

(25) Die Verordnung (EU) Nr. 1093/2010 sollte daher entsprechend geändert werden —

HABEN FOLGENDE VERORDNUNG ERLASSEN:

Artikel 1

Die Verordnung (EU) Nr. 1093/2010 wird wie folgt geändert:

1. Artikel 1 wird wie folgt geändert:

   a) Absatz 2 erhält folgende Fassung:

   "(2) Die Behörde handelt im Rahmen der ihr durch diese Verordnung übertragenen Befugnisse und innerhalb des Anwendungsbereichs der Richtlinie 94/19/EG, der Richtlinie 2002/87/EG, der Verordnung (EG) Nr. 1781/2006, der Verordnung (EU) Nr. 575/2013 des Europäischen Parlaments und des Rates vom 26. Juni 2013 über Aufsichtsanforderungen an Kreditinstitute und Wertpapierfirmen (*), der Richtlinie 2013/36/EU des Europäischen Parlaments und des Rates vom 26. Juni 2013 über den Zugang zur Tätigkeit von Kreditinstituten und die Beaufsichtigung von Kreditinstituten und Wertpapierfirmen (**) und, soweit diese Rechtsvorschriften sich auf Kredit- und Finanzinstitute sowie die zuständigen Behörden, die diese beaufsichtigen, beziehen, der einschlägigen Teile der Richtlinie 2002/65/EG, der Richtlinie 2005/60/EG, der Richtlinie 2007/64/EG und der Richtlinie 2009/110/EG, einschließlich sämtlicher Richtlinien, Verordnungen und Beschlüsse, die auf der Grundlage dieser Rechtsakte angenommen wurden, sowie aller weiteren verbindlichen Rechtsakte der Union, die der Behörde Aufgaben übertragen. Die Behörde handelt ferner in Übereinstimmung mit der Verordnung (EU) Nr. 1024/2013 (***) des Rates.

   (*) ABl. L 176 vom 27.6.2013, S. 1.
   (**) ABl. L 176 vom 27.6.2013, S. 338.
   (***) Verordnung (EU) Nr. 1024/2013 des Rates vom 15. Oktober 2013 zur Übertragung besonderer Aufgaben im Zusammenhang mit der Aufsicht über Kreditinstitute auf die Europäische Zentralbank (ABl. L 287 vom 29.10.2013, S. 63)".

   b) Absatz 5 Unterabsatz 2 erhält folgende Fassung:

   "Zu diesen Zwecken leistet die Behörde einen Beitrag zur kohärenten, effizienten und wirksamen Anwendung der in Absatz 2 genannten Rechtsakte, fördert die Angleichung der Aufsicht, gibt Stellungnahmen für das Europäische Parlament, den Rat und die Kommission ab und führt wirtschaftliche Analysen der Märkte durch, die das Erreichen des Ziels der Behörde fördern sollen."

   c) Absatz 5 Unterabsatz 4 erhält folgende Fassung:

   "Bei der Wahrnehmung ihrer Aufgaben handelt die Behörde unabhängig, objektiv und in nichtdiskriminierender Weise im Interesse der Union als Ganzes."

2. Artikel 2 Absatz 2 Buchstabe f erhält folgende Fassung:

   "f) den zuständigen Behörden oder Aufsichtsbehörden, die in den in Artikel 1 Absatz 2 der vorliegenden Verordnung genannten Rechtsakten der Union aufgeführt sind, einschließlich der Europäischen Zentralbank in Bezug auf die Aufgaben, die dieser durch die Verordnung (EU) Nr. 1024/2013 die Verordnung (EU) Nr. 1094/2010 und die Verordnung (EU) Nr. 1095/2010 übertragen wurden."

3. Artikel 3 erhält folgende Fassung:

"*Artikel 3*

Rechenschaftspflicht der Behörden

Die in Artikel 2 Absatz 2 Buchstaben a bis d genannten Behörden sind dem Europäischen Parlament und dem Rat gegenüber rechenschaftspflichtig. Die Europäische Zentralbank ist dem Europäischen Parlament und dem Rat gegenüber rechenschaftspflichtig in Bezug auf die auf sie übertragenen Aufsichtsaufgabengemäß Verordnung (EU) Nr. 1024/2013."

4. Artikel 4 Nummer 2 Ziffer i erhält folgende Fassung:

"i) zuständige Behörden im Sinne des Artikels 4 Absatz 1 Nummer 40 der Verordnung (EU) Nr. 575/2013 einschließlich der Europäischen Zentralbank, wenn es um Angelegenheiten geht, die die ihr durch die Verordnung (EU) Nr. 1024/2013 übertragenen Aufgaben betreffen, zuständige Behörden im Sinne der Richtlinie 2007/64/EG sowie solche, die in der Richtlinie 2009/110/EG genannt sind."

5. Artikel 8 wird wie folgt geändert:

a) Absatz 1 erhält folgende Fassung:

i) Buchstabe a erhält folgende Fassung:

"a) sie leistet einen Beitrag zur Festlegung qualitativ hochwertiger gemeinsamer Regulierungs- und Aufsichtsstandards und -praktiken, indem sie insbesondere Stellungnahmen für die Organe der Union abgibt und Leitlinien, Empfehlungen, Entwürfe für technische Regulierungs- und Durchführungsstandards sowie sonstige Maßnahmen ausarbeitet, die sich auf die in Artikel 1 Absatz 2 genannten Gesetzgebungsakte stützen;

aa) sie entwickelt ein europäisches Aufsichtshandbuch für die Beaufsichtigung von Finanzinstituten in der gesamten Union, das bewährte Verfahren in Bezug auf Aufsichtsmethoden und -prozesse aufführt und hält es auf dem neuesten Stand, wobei sie unter anderem die sich verändernde Geschäftspraxis sowie sich verändernde Geschäftsmodelle der Finanzinstitute berücksichtigt."

ii) Buchstabe c erhält folgende Fassung:

"c) sie erleichtert die Delegation von Aufgaben und Zuständigkeiten unter zuständigen Behörden;"

iii) Buchstabe i erhält folgende Fassung:

"i) sie fördert im Einklang mit den Artikeln 21 bis 26 die einheitliche und kohärente Funktionsweise der Aufsichtskollegien, die Überwachung, Bewertung und Messung der Systemrisiken, die Entwicklung und Koordinierung von Sanierungs- und Abwicklungsplänen, bietet ein hohes Schutzniveau für Einleger und Anleger in der gesamten Union, entwickelt Verfahren für die Abwicklung insolvenzbedrohter Finanzinstitute und bewertet die Notwendigkeit geeigneter Finanzierungsinstrumente, um die Zusammenarbeit zwischen den zuständigen Behörden zu fördern, die an der Bewältigung von Krisen grenzüberschreitend tätiger Institute beteiligt sind, von denen potentiell ein Systemrisiko ausgehen könnte;"

iv) Buchstabe l wird gestrichen.

b) Der folgende Absatz wird eingefügt:

"(1a) Bei der Wahrnehmung ihrer Aufgaben gemäß dieser Verordnung

a) macht die Behörde in vollem Umfang von ihren Befugnissen Gebrauch und

b) trägt, unter gebührender Berücksichtigung des Ziels, die Sicherheit und Solidität der Kreditinstitute zu gewährleisten, den verschiedenen Arten der Kreditinstitute, ihren Geschäftsmodellen und ihrer Größe umfassend Rechnung."

c) Der folgende Absatz wird angefügt:

"(2a) Bei der Ausübung der in Absatz 2 genannten Befugnisse und bei der Wahrnehmung der in Absatz 1 genannten Aufgaben trägt die Behörde den Grundsätzen der Besseren Rechtsetzung Rechnung, einschließlich den Ergebnissen von Kosten-Nutzen-Analysen, die im Einklang mit dieser Verordnung erstellt wurden."

6. Artikel 9 wird wie folgt geändert:

a) Absatz 4 erhält folgende Fassung:

"(4) Die Behörde errichtet – als integralen Bestandteil der Behörde – einen Ausschuss für Finanzinnovationen, der alle einschlägigen zuständigen Aufsichtsbehörden zusammen bringt, um eine koordinierte Herangehensweise an die regulatorische und aufsichtsrechtliche Behandlung neuer oder innovativer Finanztätigkeiten zu erreichen und der Behörde Rat zu erteilen, den sie dem Europäischen Parlament, dem Rat und der Kommission vorlegt."

b) Absatz 5 Unterabsatz 4 erhält folgende Fassung:

"Die Behörde kann auch überprüfen, ob es notwendig ist, bestimmte Arten von Finanztätigkeiten zu verbieten oder zu beschränken, und, sollte dies notwendig sein, die Kommission und die zuständigen Behörden informieren, um den Erlass eines solchen Verbots oder einer solchen Beschränkung zu erleichtern."

7. Artikel 18 wird wie folgt geändert:

a) Absatz 1 erhält folgende Fassung:

"(1) Im Fall von ungünstigen Entwicklungen, die das ordnungsgemäße Funktionieren und die Integrität von Finanzmärkten oder die Stabilität des Finanzsystems in der Union als Ganzes oder in Teilen ernsthaft gefährden könnten, kann die Behörde sämtliche von den betreffenden zuständigen Aufsichtsbehörden ergriffenen Maßnahmen aktiv erleichtern und diese, sofern dies als notwendig erachtet wird, koordinieren.

Um diese Aufgabe des Erleichterns und Koordinierens von Maßnahmen wahrnehmen zu können, wird die Behörde über alle relevanten Entwicklungen in vollem Umfang unterrichtet und wird sie eingeladen, als Beobachterin an allen einschlägigen Zusammentreffen der betreffenden zuständigen Aufsichtsbehörden teilzunehmen."

b) Absatz 3 erhält folgende Fassung:

"(3) Hat der Rat einen Beschluss nach Absatz 2 erlassen und liegen außergewöhnliche Umstände vor, die ein koordiniertes Vorgehen der zuständigen Behörden erfordern, um auf ungünstige Entwicklungen zu reagieren, die das geordnete Funktionieren und die Integrität von Finanzmärkten oder die Stabilität des Finanzsystems in der Union als Ganzes oder in Teilen ernsthaft gefährden könnten, kann die Behörde die zuständigen Behörden durch Erlass von Beschlüssen im Einzelfall dazu verpflichten, gemäß den in Artikel 1 Absatz 2 genannten Rechtsvorschriften die Maßnahmen zu treffen, die erforderlich sind, um auf solche Entwicklungen zu reagieren, indem sie sicherstellt, dass Finanzinstitute und zuständige Behörden die in den genannten Rechtsvorschriften festgelegten Anforderungen erfüllen."

8. Artikel 19 Absatz 1 Unterabsatz 1 erhält folgende Fassung:

"(1) Wenn eine zuständige Behörde in Fällen, die in den in Artikel 1 Absatz 2 genannten Rechtsakten der Union festgelegt sind, mit dem Vorgehen oder dem Inhalt der Maßnahme einer anderen zuständigen Behörde oder mit deren Nichttätigwerden nicht einverstanden ist, kann die Behörde unbeschadet der Befugnisse nach Artikel 17 auf Ersuchen einer oder mehrerer der betroffenen zuständigen Behörden nach dem Verfahren nach den Absätzen 2 bis 4 des vorliegenden Artikels dabei helfen, eine Einigung zwischen den zuständigen Behörden zu erzielen."

9. Folgender Artikel wird eingefügt:

"*Artikel 20a*

Konvergenz von aufsichtlichen Überprüfungsverfahren

Die Behörde fördert im Rahmen ihrer Befugnisse die Konvergenz des Verfahrens der aufsichtlichen Überprüfung und Bewertung in Übereinstimmung mit der Richtlinie 2013/36/EU, um solide Aufsichtsstandards in der Union zu schaffen."

10. Artikel 21 wird wie folgt geändert:

a) Absatz 1 erhält folgende Fassung:

"(1) Die Behörde fördert im Rahmen ihrer Befugnisse das effiziente, wirksame und kohärente Funktionieren der in der Verordnung (EU) Nr. 575/2013 und der Richtlinie 2013/36/EU genannten Aufsichtskollegien und die kohärente Anwendung des Unionsrechts in diesen Aufsichtskollegien. Im Hinblick auf eine Angleichung der bewährten Aufsichtspraktiken fördert die Behörde gemeinsame Aufsichtspläne und gemeinsame Prüfungen und die Mitarbeiter der Behörde können sich an den Aktivitäten der Aufsichtskollegien beteiligen, einschließlich Prüfungen vor Ort, die gemeinsam von zwei oder mehr zuständigen Behörden durchgeführt werden."

b) Absatz 2 Unterabsatz 1 erhält folgende Fassung:

"(2) Die Behörde übernimmt eine führende Rolle dabei, das kohärente Funktionieren der Aufsichtskollegien, die für in der Union grenzüberschreitend tätige Institute zuständig sind, sicherzustellen; dabei berücksichtigt sie das von Finanzinstituten ausgehende Systemrisiko im Sinne des Artikels 23 und beruft gegebenenfalls eine Sitzung eines Kollegiums ein."

11. In Artikel 22 wird folgender Absatz eingefügt:

"(1a) Mindestens einmal jährlich prüft die Behörde, ob es angezeigt ist, gemäß Artikel 32 unionsweite Bewertungen der Widerstandsfähigkeit von Finanzinstituten vorzunehmen, und informiert das Europäische Parlament, den Rat und die Kommission über ihre Erwägungen. Werden solche unionsweiten Bewertungen vorgenommen und sieht es die Behörde als angemessen an, so sorgt sie für eine Offenlegung der Ergebnisse jedes teilnehmenden Finanzinstituts."

12. Artikel 25 Absatz 1 erhält folgende Fassung:

"(1) Die Behörde trägt dazu bei, dass wirksame, kohärente und aktuelle Sanierungs- und Abwicklungspläne für Finanzinstitute entwickelt und aufeinander abgestimmt werden, und beteiligt sich aktiv daran. Die Behörde hilft zudem, soweit dies in den in Artikel 1 Absatz 2 genannten Rechtsakten der Union vorgesehen ist, bei der Entwicklung von Verfahren im Krisenfall und Präventivmaßnahmen zur Minimierung der systemischen Auswirkungen von Insolvenzen."

13. Artikel 27 Absatz 2 Unterabsatz 1 erhält folgende Fassung:

"(2) Die Behörde legt ihre Bewertung der Notwendigkeit eines Systems kohärenter, belastbarer und glaubwürdiger Finanzierungsmechanismen mit geeigneten Finanzierungsinstrumenten vor, die mit einem Paket von koordinierten Regelungen zum Krisenmanagement verknüpft sind."

14. In Artikel 29 Absatz 2 wird folgender Unterabsatz angefügt:

"Damit eine gemeinsame Aufsichtskultur geschaffen wird, entwickelt die Behörde ein europäisches Aufsichtshandbuch für die Beaufsichtigung von Finanzinstituten in der gesamten Union und hält es auf dem neuesten Stand, wobei sie unter anderem sich verändernde Geschäftspraktiken und Geschäftsmodelle der Finanzinstitute berücksichtigt. Im europäischen Aufsichtshandbuch werden bewährte Aufsichtspraktiken in Bezug auf Methoden und Verfahren aufgeführt."

15. Artikel 30 Absatz 3 erhält folgende Fassung:

"(3) Ausgehend von einer vergleichenden Analyse kann die Behörde Leitlinien und Empfehlungen gemäß Artikel 16 herausgeben. Im Einklang mit Artikel 16 Absatz 3 bemühen sich die zuständigen Behörden, den Leitlinien oder Empfehlungen nachzukommen. Bei der Ausarbeitung von Entwürfen technischer Regulierungs- und Durchführungsstandards gemäß den Artikeln 10 bis 15 berücksichtigt die Behörde das Ergebnis der vergleichenden Analyse und alle weiteren Informationen, die sie bei der Wahrnehmung ihrer Aufgaben erlangt hat, um eine Übereinstimmung der Standards und bestmögliche Verfahren sicherzustellen.

(3a) Die Behörde legt der Kommission eine Stellungnahme vor, sofern aus der vergleichenden Analyse oder aus sonstigen bei der Wahrnehmung ihrer Aufgaben erlangten Informationen hervorgeht, dass eine Gesetzesinitiative notwendig ist, um die weitere Harmonisierung der Vorschriften des Aufsichtsrechts zu gewährleisten."

16. Artikel 31 Unterabsatz 2 wird wie folgt geändert:

a) Buchstabe b erhält folgende Fassung:

"b) den Umfang der Informationen, die alle betroffenen zuständigen Behörden erhalten sollten, bestimmt und – sofern zweckmäßig – die Zuverlässigkeit dieser Informationen überprüft,".

b) Die Buchstaben d, e und f erhalten folgende Fassung:

"d) den ESRB, den Rat und die Kommission unverzüglich auf jeden potenziellen Krisenfall aufmerksam macht,

e) sämtliche erforderlichen Maßnahmen ergreift, um die Tätigkeiten der jeweils zuständigen Behörden zu koordinieren, wenn Entwicklungen eintreten, die das Funktionieren der Finanzmärkte gefährden könnten,

f) Informationen zentralisiert, die sie von den zuständigen Behörden gemäß den Artikeln 21 und 35 als Ergebnis der Berichterstattungspflichten für Institute im Regulierungsbereich erhält. Die Behörde stellt diese Informationen auch den anderen betroffenen zuständigen Behörden zur Verfügung."

17. Artikel 32 wird wie folgt geändert:

a) Absatz 2 erhält folgende Fassung:

"(2) In Zusammenarbeit mit dem ESRB initiiert und koordiniert die Behörde unionsweite Bewertungen der Widerstandsfähigkeit von Finanzinstituten bei ungünstigen Marktentwicklungen. Zu diesem Zweck entwickelt sie:

a) gemeinsame Methoden zur Bewertung der Auswirkungen ökonomischer Szenarien auf die Finanzlage eines Instituts,

b) gemeinsame Vorgehensweisen für die Bekanntgabe der Ergebnisse dieser Bewertungen der Widerstandsfähigkeit von Finanzinstituten,

c) gemeinsame Methoden für die Bewertung der Wirkungen von bestimmten Produkten oder Absatzwegen auf ein Institut und

d) gemeinsame Methoden für die Beurteilung des Wertes von Vermögenswerten, sofern dies für Stresstests erforderlich ist."

b) Folgende Absätze werden eingefügt:

"(3a) Zur Durchführung der unionsweiten Bewertungen der Widerstandsfähigkeit von Finanzinstituten gemäß diesem Artikel kann die Behörde gemäß Artikel 35 und nach Maßgabe der dort festgelegten Bedingungen Informationen direkt von diesen Finanzinstituten verlangen. Die Behörde kann die zuständigen Behörden ebenfalls auffordern, besondere Prüfungen durchzuführen. Sie kann die zuständigen Behörden auffordern, Kontrollen vor Ort durchzuführen, die auch die Teilnahme der Behörde gemäß Artikel 21 und nach Maßgabe der dort festgelegten Bedingungen umfassen können, um die Vergleichbarkeit und Zuverlässigkeit der Methoden, Praktiken und Ergebnisse sicherzustellen.

(3b) Die Behörde kann die zuständigen Behörden ersuchen zu verlangen, dass Finanzinstitute die Informationen, die sie nach Absatz 3a vorlegen müssen, einer unabhängigen Prüfung unterziehen."

18. Artikel 35 wird wie folgt geändert:

a) Absätze 1, 2 und 3 erhalten folgende Fassung:

"(1) Die zuständigen Behörden stellen der Behörde auf Verlangen alle Informationen in vorgegebenen Formaten zur Verfügung, die sie zur Wahrnehmung der ihr durch diese Verordnung übertragenen Aufgaben benötigt, vorausgesetzt sie haben rechtmäßigen Zugang zu den einschlägigen Informationen. Die Informationen sind korrekt, zusammenhängend, vollständig und werden rechtzeitig übermittelt.

(2) Die Behörde kann ebenfalls verlangen, dass ihr diese Informationen in regelmäßigen Abständen und in vorgegebenen Formaten oder unter Verwendung vergleichbarer, von der Behörde genehmigter Vorlagen zur Verfügung gestellt werden. Für diese Gesuche werden soweit möglich gemeinsame Berichtsformate verwendet.

(3) Auf hinreichend begründeten Antrag einer zuständigen Behörde legt die Behörde sämtliche Informationen vor, die erforderlich sind, damit die zuständige Behörde ihre Aufgaben wahrnehmen kann, und zwar im Einklang mit den Verpflichtungen aufgrund des Berufsgeheimnisses gemäß den sektoralen Rechtsvorschriften und Artikel 70."

b) In Absatz 6 erhält Unterabsatz 1 die folgende Fassung:

"(6) Stehen vollständige oder richtige Informationen nicht zur Verfügung oder werden sie nicht rechtzeitig gemäß Absatz 1 oder Absatz 5 übermittelt, so kann die Behörde mit einem gebührend gerechtfertigten und mit Gründen versehenem Ersuchen von folgenden Adressaten unmittelbar Informationen einholen:

a) relevante Finanzinstitute,

b) Holdinggesellschaften oder Zweigstellen relevanter Finanzinstitute,

c) nicht unter Aufsicht stehende operative Einheiten innerhalb einer Finanzgruppe oder eines Finanzkonglomerats, die für die Finanzaktivitäten der relevanten Finanzinstitute von wesentlicher Bedeutung sind.

Die Adressaten eines solchen Ersuchens übermitteln der Behörde unverzüglich und ohne unnötige Verzögerung klare, korrekte, und vollständige Informationen."

c) Folgender Absatz wird angefügt:

"(7a) Übermitteln die Adressaten eines Ersuchens gemäß Absatz 6 nicht unverzüglich klare, korrekte und vollständige Informationen, so informiert die Behörde gegebenenfalls die Europäische Zentralbank und die zuständigen Behörden in den betroffenen Mitgliedstaaten, die nach Maßgabe des innerstaatlichen Rechts mit der Behörde zusammenarbeiten, um vollen Zugang zu den Informationen und Ursprungsdokumenten, Büchern oder Unterlagen zu gewährleisten, zu denen der Adressat rechtmäßigen Zugang hat, um die Informationen zu prüfen."

19. Artikel 36 wird wie folgt geändert:

a) Absatz 4 Unterabsatz 3 erhält folgende Fassung:

"Lässt die Behörde einer Empfehlung keine Maßnahmen folgen, so legt sie dem Rat und dem ESRB ihre Gründe hierfür dar. Der ESRB unterrichtet das Europäische Parlament gemäß Artikel 19 Absatz 5 der Verordnung (EU) Nr.1092/2010."

b) Absatz 5 Unterabsatz 3 erhält folgende Fassung:

"Unterrichtet die zuständige Behörde den Rat und den ESRB gemäß Artikel 17 Absatz 1 der Verordnung (EU) Nr. 1092/2010 über die zur Umsetzung der Empfehlung des ESRB unternommenen Maßnahmen, so trägt sie den Standpunkten des Rates der Aufseher angemessen Rechnung, und unterrichtet die Kommission."

20. Artikel 37 wird wie folgt geändert:

a) Absatz 1 Unterabsatz 2 erhält folgende Fassung:

"Die Interessengruppe Bankensektor tritt von sich aus zusammen, wann immer dies erforderlich ist, mindestens jedoch viermal jährlich."

b) Absatz 4 Unterabsatz 1 erhält folgende Fassung:

"(4) Die Behörde legt – vorbehaltlich des Berufsgeheimnisses gemäß Artikel 70 – alle erforderlichen Informationen vor und gewährleistet, dass die Interessengruppe Bankensektor angemessene Unterstützung für die Abwicklung der Sekretariatsgeschäfte erhält. Diejenigen Mitglieder der Interessengruppe Bankensektor, die Organisationen ohne Erwerbszweck vertreten, erhalten eine angemessene Aufwandsentschädigung; Vertreter der Wirtschaft sind hiervon ausgenommen. Die Aufwandsentschädigung entspricht zumindest der Höhe der Kostenerstattung für Beamte gemäß Titel V Kapitel 1 Abschnitt 2 des Statuts der Beamten der Europäischen Union und der Beschäftigungsbedingungen für die sonstigen Bediensteten der Europäischen Union, festgelegt durch Verordnung (EWG, Euratom, EGHS) Nr. 259/68 des Rates (*) (im Folgenden "Statut"). Die Interessengruppe Bankensektor kann Arbeitsgruppen zu technischen Fragen einrichten. Die Mitglieder der Interessengruppe Bankensektor bleiben zweieinhalb Jahre im Amt; nach Ablauf dieses Zeitraums findet ein neues Auswahlverfahren statt.

(*) ABl. L 56 vom 4.3.1968, S. 1."

21. Artikel 40 wird wie folgt geändert:

a) Absatz 1 Buchstabe d erhält folgende Fassung:

"d) einem nicht stimmberechtigten Vertreter, der vom Aufsichtsgremium der Europäischen Zentralbank ernannt wird,".

b) Folgender Absatz wird eingefügt:

"(4a) In Diskussionen, die sich nicht auf einzelne Finanzinstitute gemäß Artikel 44 Absatz 4 beziehen, kann der vom Aufsichtsgremium der Europäischen Zentralbank benannte Vertreter von einem Vertreter der Europäischen Zentralbank mit Fachwissen in Zentralbankaufgaben begleitet werden."

22. Artikel 41 Absätze 2, 3 und 4 erhalten folgende Fassung:

"(1a) Der Rat der Aufseher beruft für die Zwecke des Artikels 17 ein unabhängiges Gremium ein, das aus dem Vorsitzenden des Rates der Aufseher und sechs weiteren Mitgliedern besteht, bei denen es sich nicht um Vertreter der zuständigen Behörde handelt, die mutmaßlich gegen Unionsrecht verstoßen hat, und deren Interessen durch die Angelegenheit nicht berührt werden und die keine direkten Verbindungen zu der betreffenden zuständigen Behörde haben.

Jedes Mitglied des unabhängigen Gremiums hat eine Stimme.

Beschlüsse des unabhängigen Gremiums werden mit der Zustimmung von mindestens vier Mitgliedern gefasst.

(2) Der Rat der Aufseher beruft für die Zwecke des Artikels 19 ein unabhängiges Gremium ein, das aus dem Vorsitzenden des Rates der Aufseher und sechs weiteren Mitgliedern besteht, bei denen es sich nicht um Vertreter der zuständigen Behörden handelt, zwischen denen die Meinungsverschiedenheit besteht, und deren Interessen durch den Konflikt nicht berührt werden und die keine direkten Verbindungen zu den betreffenden zuständigen Behörde haben.

Jedes Mitglied des unabhängigen Gremiums hat eine Stimme.

Beschlüssen des unabhängigen Gremiums werden mit der Zustimmung von mindestens vier Mitgliedern gefasst.

(3) Die unabhängigen Gremien gemäß diesem Artikel schlagen dem Rat der Aufseher einen Beschluss gemäß Artikel 17 oder Artikel 19 zur endgültigen Annahme vor.

(4) Der Rat der Aufseher gibt den in den Absätzen 1a und 2 genannten unabhängigen Gremien eine Geschäftsordnung."

23. In Artikel 42 wird folgender Absatz angefügt:

"Die Aufgaben, die der Europäischen Zentralbank durch die Verordnung (EU) Nr. 1024/2013 übertragen werden, bleiben von den Absätzen 1 und 2 unberührt."

24. Artikel 44 wird wie folgt geändert:

a) Absatz 1 erhält folgende Fassung:

"(1) Der Rat der Aufseher trifft seine Beschlüsse mit einfacher Mehrheit seiner Mitglieder. Jedes Mitglied verfügt über eine Stimme.

In Bezug auf die in den Artikeln 10 bis 16 genannten Rechtsakte und die gemäß Artikel 9 Absatz 5 Unterabsatz 3 und Kapitel VI erlassenen Maßnahmen und Beschlüsse trifft der Rat der Aufseher abweichend von Unterabsatz 1 seine Beschlüsse mit qualifizierter Mehrheit seiner Mitglieder im Sinne des Artikels 16 Absatz 4 des Vertrags über die Europäische Union und des Artikels 3 des Protokolls (Nr. 36) über die Übergangsbestimmungen, wobei diese Mehrheit mindestens die einfache Mehrheit seiner Mitglieder aus den zuständigen Behörden der Mitgliedstaaten, die teilnehmende Mitgliedstaaten gemäß der Begriffsbestimmung in Artikel 2 Nummer 1 der Verordnung (EU) Nr. 1024/2013 sind (im Folgenden "teilnehmende Mitgliedstaaten"), und die einfache Mehrheit seiner Mitglieder aus den zuständigen Behörden von Mitgliedstaaten, die keine teilnehmenden Mitgliedstaaten gemäß der Begriffsbestimmung in Artikel 2 Nummer 1 der Verordnung (EU) Nr. 1024/2013 sind (im Folgenden "nicht teilnehmende Mitgliedstaaten"),
umfasst.

In Bezug auf Beschlüsse nach den Artikeln 17 und 19 wird der von dem Gremium vorgeschlagene Beschluss von dem Rat der Aufseher mit einer einfachen Mehrheit der stimmberechtigten Mitglieder angenommen, die eine einfache Mehrheit seiner Mitglieder aus den zuständigen Behörden der teilnehmenden Mitgliedstaaten sowie eine einfache Mehrheit seiner Mitglieder aus den zuständigen Behörden der nicht teilnehmenden Mitgliedstaaten umfasst.

Abweichend von Unterabsatz 3 wird der von dem Gremium vorgeschlagene Beschluss ab dem Datum, an dem vier oder weniger stimmberechtigte Mitglieder aus den zuständigen Behörden nicht teilnehmender Mitgliedstaaten stammen, von den Mitgliedern des Rates der Aufseher mit einfacher Mehrheit angenommen, wobei diese Mehrheit mindestens eine Stimme von stimmberechtigten Mitgliedern aus den zuständigen Behörden der nicht teilnehmenden Mitgliedstaaten umfasst.

Jedes stimmberechtigte Mitglied verfügt über eine Stimme.

In Bezug auf die Zusammensetzung des Gremiums nach Artikel 41 Absatz 2 ist der Rat der Aufseher um Konsens bemüht. Kann kein Konsens erzielt werden, werden die Beschlüsse des Rats der Aufseher mit Dreiviertelmehrheit der stimmberechtigten Mitglieder gefasst. Jedes stimmberechtigte Mitglied verfügt über eine Stimme.

In Bezug auf die gemäß Artikel 18 Absätze 3 und 4 erlassenen Beschlüsse trifft der Rat der Aufseher abweichend von Unterabsatz 1 seine Beschlüsse mit der einfachen Mehrheit seiner stimmberechtigten Mitglieder, die eine einfache Mehrheit seiner Mitglieder aus den zuständigen Behörden der teilnehmenden Mitgliedstaaten sowie eine einfache Mehrheit seiner Mitglieder aus den zuständigen Behörden der nicht teilnehmenden Mitgliedstaaten umfasst."

b) Absatz 4 erhält folgende Fassung:

"(4) Mit Ausnahme des Vorsitzenden, des Exekutivdirektors und des von ihrem Aufsichtsgremium ernannten Vertreters der Europäischen Zentralbank nehmen weder die nicht stimmberechtigten Mitglieder noch die Beobachter an Beratungen des Rates der Aufseher über einzelne Finanzinstitute teil, es sei denn, Artikel 75 Absatz 3 oder die in Artikel 1 Absatz 2 genannten Rechtsakte sehen etwas anderes vor."

c) Der folgende Absatz wird angefügt:

"(4a) Der Vorsitzende der Behörde ist befugt, jederzeit eine Abstimmung zu veranlassen. Unbeschadet dieser Befugnis und der Wirksamkeit der Beschlussfassungsverfahren der Behörde, ist der Rat der Aufseher der Behörde darum bemüht, seine Beschlüsse einvernehmlich zu fassen."

25. Artikel 45 Absatz 1 Unterabsatz 3 erhält folgende Fassung:

"Die Amtszeit der vom Rat der Aufseher gewählten Mitglieder beträgt zweieinhalb Jahre. Diese Amtszeit kann einmal verlängert werden. Die Zusammensetzung des Verwaltungsrats muss ausgewogen und verhältnismäßig sein und die Union als Ganzes widerspiegeln. Im Verwaltungsrat sitzen mindestens zwei Vertreter aus nicht teilnehmenden Mitgliedstaaten. Die Mandate überschneiden sich, und es gilt eine angemessene Rotationsregelung."

26. Artikel 47 Absatz 4 erhält folgende Fassung:

"(4) Der Verwaltungsrat nimmt die Personalplanung der Behörde an und erlässt gemäß Artikel 68 Absatz 2 die nach dem Statut notwendigen Durchführungsbestimmungen."

27. Folgender Artikel wird eingefügt:

"*Artikel 49a*

Ausgaben

Der Vorsitzende macht abgehaltene Sitzungen und erhaltene Bewirtungen öffentlich. Ausgaben werden gemäß dem Statut öffentlich festgehalten."

28. Folgender Artikel wird eingefügt:

"*Artikel 52a*

Ausgaben

Der Exekutivdirektor macht abgehaltene Sitzungen und erhaltene Bewirtungen öffentlich. Ausgaben werden gemäß dem Statut öffentlich festgehalten."

29. Artikel 63 Absatz 7 wird gestrichen.

30. Artikel 81 Absatz 3 erhält folgende Fassung:

"(3) Zur Frage der direkten Beaufsichtigung von Instituten oder Infrastrukturen mit europaweiten Bezügen wird die Kommission unter Berücksichtigung der Marktentwicklungen, der Stabilität des Binnenmarktes und des Zusammenhalts der Union insgesamt jährlich einen Bericht dazu erstellen, ob es zweckmäßig ist, der Behörde weitere Aufsichtsaufgaben in diesem Bereich zu übertragen."

31. Folgender Artikel wird eingefügt:

"*Artikel 81a*

Überprüfung der Abstimmungsmodalitäten

Sobald die Zahl der nicht teilnehmenden Mitgliedstaaten vier erreicht, überprüft die Kommission die Funktionsweise der in Artikel 41 und 44 beschriebenen Abstimmungsmodalitäten und erstattet dem Europäischen Parlament, dem Europäischen Rat und dem Rat darüber Bericht, wobei sie allen bei der Anwendung dieser Verordnung gemachten Erfahrungen Rechnung trägt."

Artikel 2

Unbeschadet des Artikels 81 der Verordnung (EU) Nr. 1093/2010 veröffentlicht die Kommission bis zum 31. Dezember 2015 einen Bericht über die Anwendung der Bestimmungen der vorliegenden Verordnung, der folgende Punkte zum Gegenstand hat:

a) die Zusammensetzung des Verwaltungsrats und

b) die Zusammensetzung der in Artikel 41 der Verordnung (EU) Nr. 1093/2010 genannten unabhängigen Gremien, die für die Zwecke der Artikel 17 und 19 der genannten Verordnung Beschlüsse ausarbeiten.

In dem Bericht werden insbesondere etwaige Entwicklungen in Bezug auf die Anzahl der teilnehmenden Mitgliedstaaten berücksichtigt und es wird überprüft, ob angesichts dieser Entwicklungen eine weitere Anpassung dieser Bestimmungen erforderlich ist, um sicherzustellen, dass die Beschlüsse der EBA im Interesse der Erhaltung und Stärkung des Finanzdienstleistungsbinnenmarkts gefasst werden.

Artikel 3

Diese Verordnung tritt am Tag nach ihrer Veröffentlichung im *Amtsblatt der Europäischen Union* in Kraft.

Diese Verordnung ist in allen ihren Teilen verbindlich und gilt unmittelbar in jedem Mitgliedstaat.

Geschehen zu Straßburg am 22. Oktober 2013.

Im Namen des Europäischen Parlaments
Der Präsident
M. SCHULZ

Im Namen des Rates
Der Präsident
V. LEŠKEVIČIUS